전문가가 들려주는 직업 이야기

최고의 의사가 되는 방법

푸남 크리샨 박사 글 솔 리네로 그림 박정화 옮김

비나리BOOK

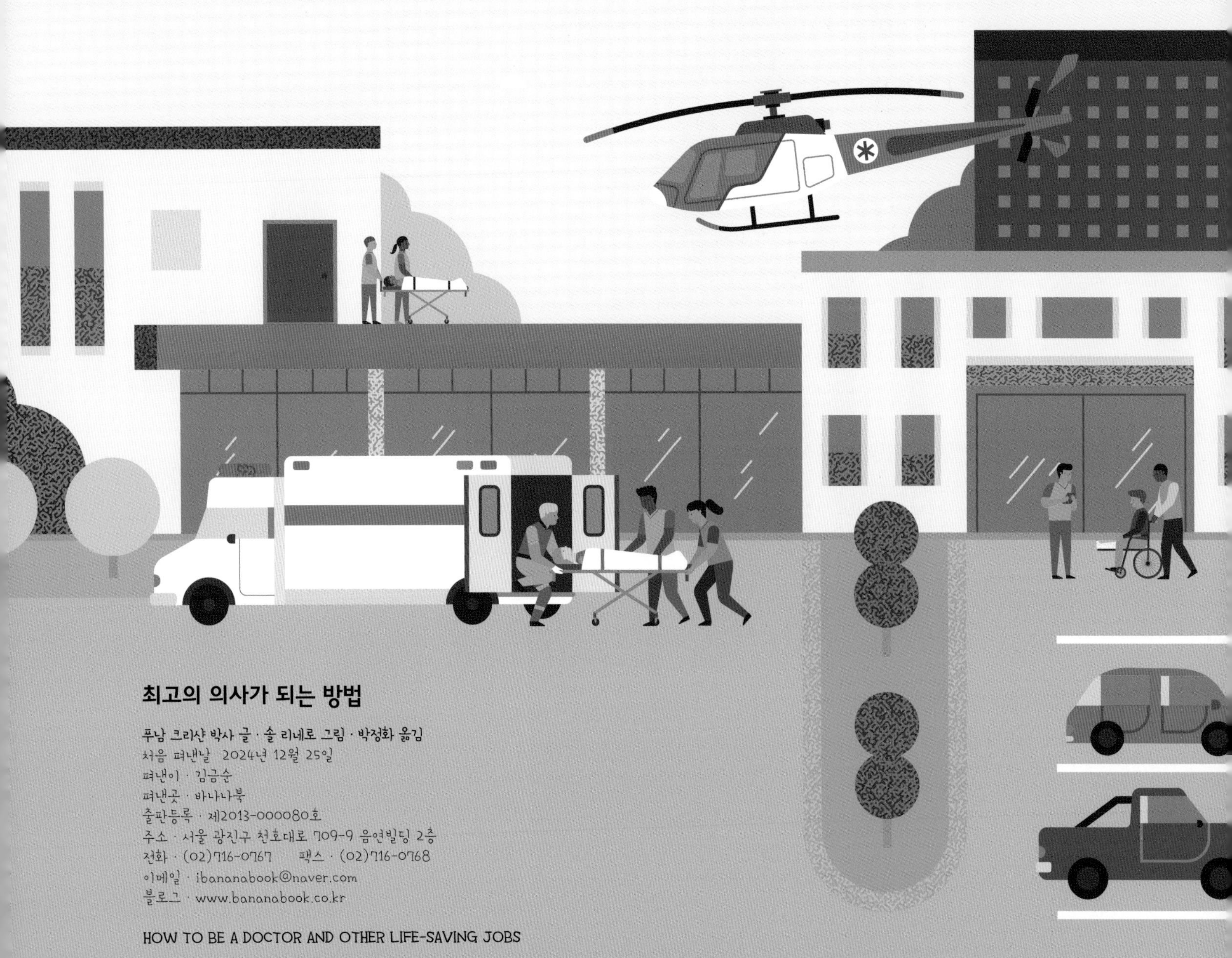

최고의 의사가 되는 방법

푸남 크리샨 박사 글 · 솔 리네로 그림 · 박정화 옮김
처음 펴낸날 2024년 12월 25일
펴낸이 · 김금순
펴낸곳 · 바나나북
출판등록 · 제2013-000080호
주소 · 서울 광진구 천호대로 709-9 음연빌딩 2층
전화 · (02)716-0767 팩스 · (02)716-0768
이메일 · ibananabook@naver.com
블로그 · www.bananabook.co.kr

HOW TO BE A DOCTOR AND OTHER LIFE-SAVING JOBS

First published 2021 by Nosy Crow Ltd of Wheat Wharf 27a Shad Thames · London SE1 2XZ, UK

ISBN 979-11-88064-51-9 74190

• 바나나북은 크레용하우스의 임프린트이며 디엔비스토리의 아동 · 청소년 브랜드입니다.

| 차 례 |

의사란 무엇일까?

의사는 아픈 사람을 치료하는 일을 해요.

갓 태어난 신생아부터 나이 많은 노인까지 모든 연령대의 사람들을 돌보는 다양한 종류의 의사들이 있어요. 의사들은 환자의 상태를 파악해 복통, 기침, 감기, 골절과 같은 여러 **질병**을 치료하고 **새로운 질병**을 발견하기도 해요.

의사는 지역 보건소, 병원, 실험실, 대학 등 다양한 곳에서 일해요. 때로는 몸이 불편한 환자의 집으로 직접 방문하기도 하지요. 의사는 특별한 의료 기기를 사용해서 환자의 문제를 찾아내요.

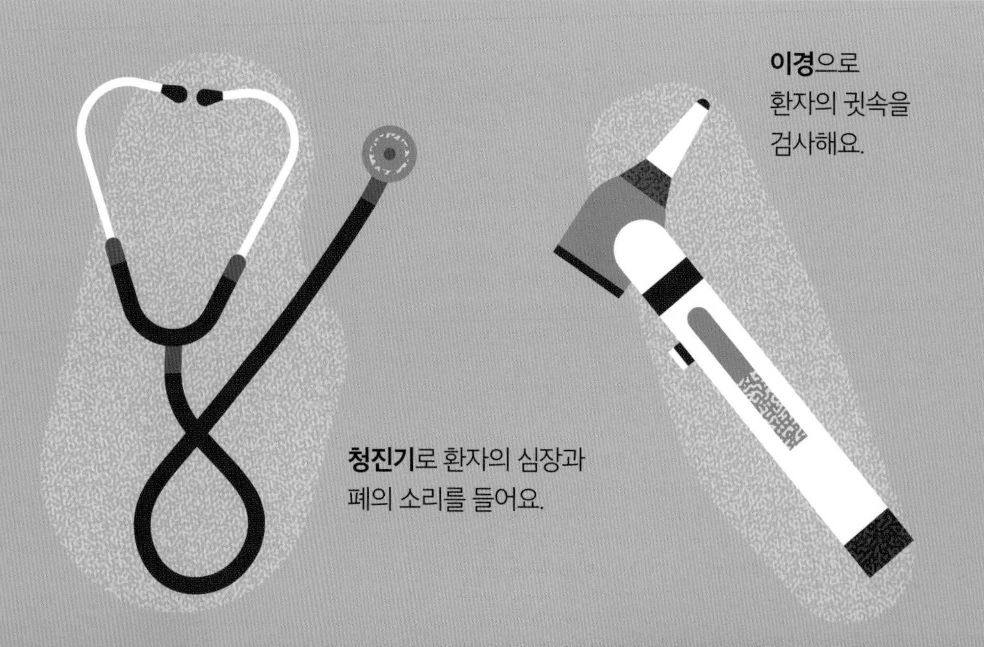

이경으로 환자의 귓속을 검사해요.

청진기로 환자의 심장과 폐의 소리를 들어요.

환자를 치료하는 일은 쉽지 않기 때문에 항상 다른 전문가들의 도움이 필요해요. 의사는 아래와 같은 **의료 전문가**들과 함께 일해요.

알고 있었나요?

의사를 분야에 따라 나누면 70가지가 넘어요!

방사선사 (영상 의학과 전문의)

임상 병리사

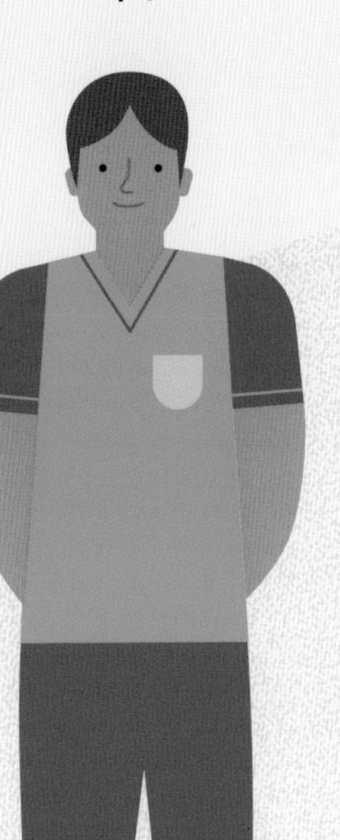

약사

간호사

체온계로 사람의 체온을 측정해요. 열이 높다면 감염이 있을 수 있어요.

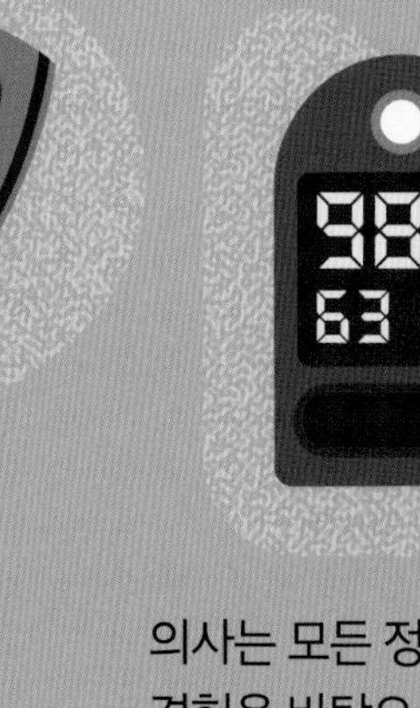

검안경으로 환자의 눈 내부를 검사해요.

맥박 산소 측정기로 환자가 충분한 산소를 마시고 있는지 확인해요.

의사는 모든 정보를 수집한 후 자신의 지식과 경험을 바탕으로 환자의 문제가 무엇인지 **진단**을 내려요.

왜 의사가 필요할까?

100년 전만 해도 인간은 50세 정도밖에 살지 못했어요.

의학 발전과 의사들의 노력으로
사람들은 이제 훨씬 더 오래
더 건강하게 살 수 있어요.
오늘날 **평균 수명**은 75세에서
80세 사이지만 이보다 더
오래 사는 사람들도 많아요.

우리는 **매일 수많은 생명을**
구하는 의사가 필요해요.

의사는 심각하게 다친
사람들을 살릴 뿐만 아니라
모든 종류의 질병을
치료해요 .

의사는 또한 질병이 심해지기 전에 발견해 치료함으로써 **질병의 진행을 막을 수** 있어요. 의사는 **새로운 질병을 발견**하고 **새로운 치료법도 찾아**내지요.

지금까지 세상에 알려진 질병은 1,000가지가 넘어요. 의사는 이 모든 질병에 대해 알아야 해요!

의사는 병을 치료하는 데 도움이 되는 약을 **처방**해요. 약은 삼키는 알약이나 마시는 물약일 수도 있고, 몸에 바르는 크림이나 연고일 수도 있어요.

의사는 백신도 접종해요. **백신**은 사람들이 심각한 전염병에 걸리는 것을 막는 주사약이에요. 때에 따라 의사는 특별한 의료 기기를 사용해 환자의 몸 안에 있는 장기를 **수술**할 수도 있어요.

사람들은 낮이든 밤이든 언제든지 아플 수 있어요. 다행히 의사가 병원에서 **늘 환자를 기다리고** 있지요. 언제라도 환자를 돌볼 수 있도록 대형 병원 의사들은 **교대**로 일해요.

가끔은 **의사 자체로** 강력한 치료제가 되기도 해요. 슬프거나 걱정되는 일이 있을 때, 의사에게 조언을 구하면 상태가 훨씬 나아지기도 한답니다.

의학의 역사

인간이 존재한 시간 동안 질병은 늘 주변에 있었어요. 하지만 그동안 의사와 과학자들은 사람들의 건강을 위해 열심히 노력해 왔답니다.

기원전 2600년

고대 중국의 황제는 질병과 치료법에 관한 책을 썼다고 해요. 그 치료법 중 일부는 오늘날에도 여전히 사용되고 있어요.

기원전 700년

고대 인도의 의사 수슈루타는 질병을 치료하기 위해 수술이라는 방법을 처음으로 도입했어요. 힌두교의 전통 의학을 모아 펴낸 그의 책은 세계에서 가장 오래된 수술서이기도 해요.

기원전 400년

고대 그리스의 의학자였던 히포크라테스가 의학 학교를 열었어요. 오늘날 의사가 되면 좋은 의사가 되겠다는 맹세인 **히포크라테스 선서**를 한답니다.

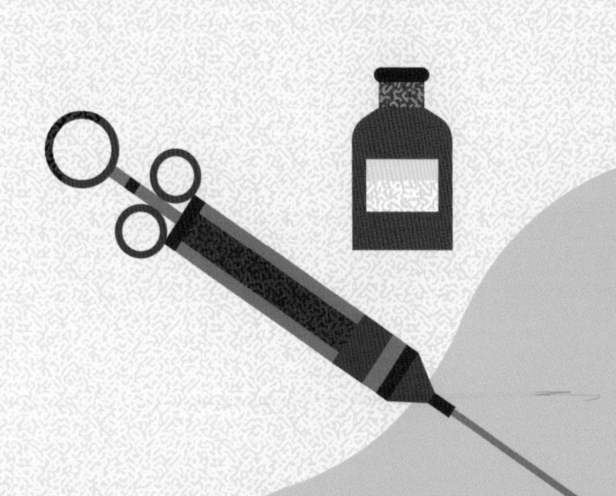

1796년

영국 외과 의사 에드워드 제너가 최초의 백신을 개발했어요. 이 백신은 전 세계에서 300만 명 이상의 목숨을 앗아 간 바이러스인 천연두를 예방하는 데 사용되었어요.

1847년

헝가리 의사 이그나스 젬멜바이스는 세균 확산을 막기 위해서 손을 잘 씻는 게 얼마나 중요한지 발견했어요.

1849년

엘리자베스 블랙웰은 의학 학위를 받은 최초의 여성 의사였어요.

알고 있었나요?

엑스레이(엑스선)는 1895년
빌헬름 뢴트겐 교수에 의해 우연히 발견되었어요.
엑스레이로 환자의 신체 내부를 관찰할 수 있어서
쉽게 문제점을 찾을 수 있게 되었지요.

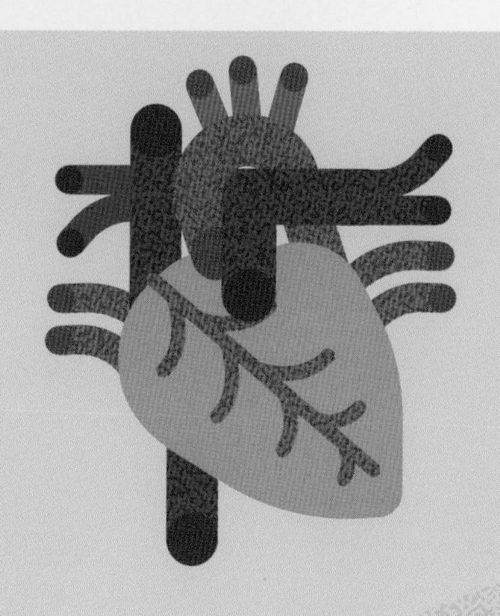

메리 시콜과 플로렌스 나이팅게일은 크림 전쟁 동안 수백 명의 다친 군인을 돌보았어요. 전쟁 이후 나이팅게일은 최초의 간호 학교를 열었어요.

폴란드 출신의 과학자인 마리 퀴리는 **폴로늄**과 **라듐**을 발견하여 엑스레이가 몸속을 더 잘 촬영할 수 있도록 했어요. 마리 퀴리는 여성 최초의 노벨상 수상자랍니다.

남아프리카 공화국의 의사 크리스천 버나드는 인간 심장 이식을 처음으로 시행한 외과 의사였어요. 심장 이식수술은 심장이 좋지 않은 사람에게 건강한 심장을 제공하는 수술 방법이에요.

1853~1856년 | 1857년 | 1898년 | 1928년 | 1967년 | 2019년

프랑스의 미생물학자 루이 파스퇴르는 질병을 일으키는 원인이 세균에 감염되었기 때문이라는 것을 발견했어요. 또한 감염성 질병을 막을 수 있는 백신의 원리도 찾아냈답니다.

스코틀랜드의 의사이자 미생물학자인 알렉산더 플레밍이 최초의 항생제인 **페니실린**을 발견했어요. 페니실린은 수백만 명의 생명을 구했으며, 오늘날에도 여전히 사용되고 있어요.

신종 **코로나바이러스**인 코로나19가 2019년 처음 발생하여 전 **세계적인 감염병**이 되었어요.

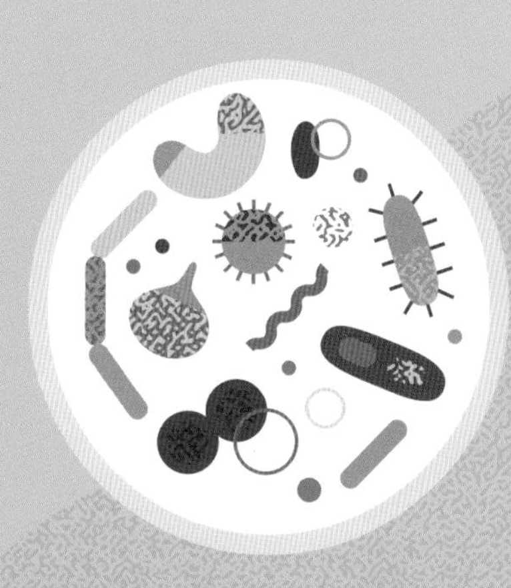

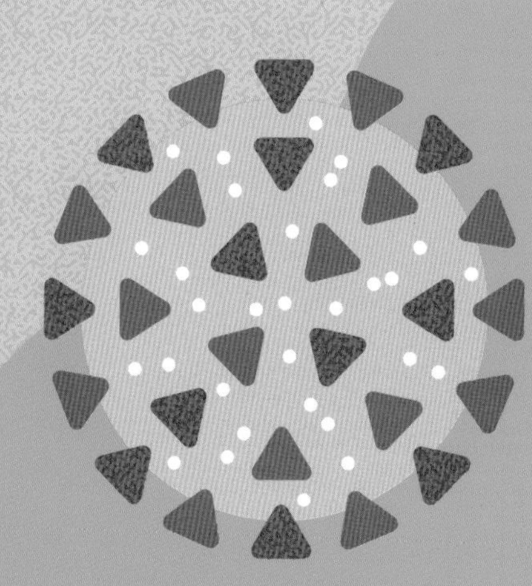

의사는 어떻게 될 수 있을까?

의사가 되기 위해서는 친절하고 배려심이 있어야 하며 인내심과 호기심이 필요해요. 또한 다양한 사람들을 만나고 함께 일해야 하므로 다른 사람들과 대화하고 시간을 보내는 것을 즐겨야 해요.

과학에도 관심이 있어야 하며 **문제에 대한 해결책을 찾는 것**을 즐겨야 해요. 과학은 끊임없이 변화하기 때문에 의사는 **새로운 것을 연구하고 배우는 것**을 좋아해야 해요. 의사가 되어서도 배움은 계속되니까요.

아픈 환자를 돌보기 위해서 의사는 결단력과 판단력이 정확해야 해요. 또 **다른 의료 전문가들과 협력**해야 하므로 다른 사람들과 함께 일하는 데 능숙해야 해요. 의사가 되기 위해서 지금부터 할 수 있는 일이 있어요.

의사, 간호사 또는 기타
의료 전문가와 직접
이야기를 나누고 직업에
관해 물어보세요.
참여할 수 있는
응급처치 강좌가 있는지
알아보세요.

알고 있었나요?

**의사가 되려면 모든 과목,
특히 과학, 수학, 영어를
열심히 공부해야 합니다!**

인체에 대해 더
알고 싶다면 과학
다큐멘터리를 보세요.

여러분은 친절하고
호기심이 많으며
새로운 것을 배우고
문제를 해결하는 것을
좋아하나요? 그렇다면
의사가 되기 위한 소질이
충분해요! 하지만 먼저
많은 공부와 훈련이
필요하답니다.

의사는 무엇을 배워야 할까?

의학을 공부하려면 먼저 대학에 가기 위해 열심히 공부해야 해요. 의과 대학에서는 인체가 움직이는 원리와 사람들을 치료하는 다양한 약물 및 치료법에 관한 모든 것을 배울 수 있어요.

의사가 되려면 의학 학위를 취득해야 하며
이는 5~6년이 걸리지만, 공부와 연구는 거기서 끝나지 않습니다!

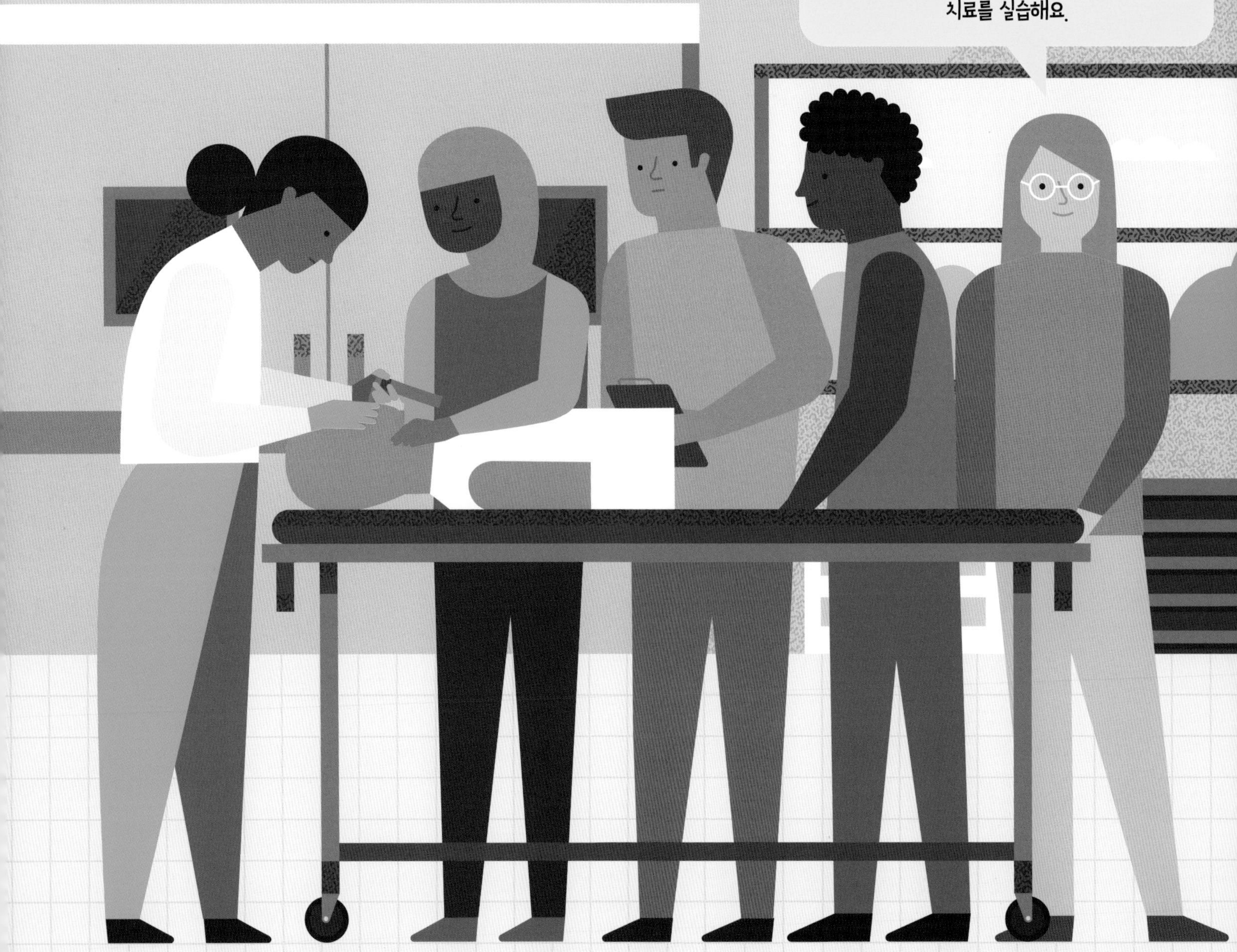

의과 대학을 졸업한 의사는 실제 경험을 쌓기 위해 **병원에서 일해야** 해요. 5년에서 15년 동안 의사는 병원의 다양한 분야에서 **수련의**로 일해요. 이 기간에 어떤 분야의 의사가 되고 싶은지를 결정해요. 아픈 아이들을 돌보는 소아청소년과를 선택하거나 눈의 질병을 치료하는 안과를 선택할 수도 있지요. 생명을 살리는 의사가 되려면 **열심히 공부**하고 **많은 시험**을 치러야 해요.

의사로 일하는 것도 쉽지 않아요. 매우 바쁠 수 있고 긴 시간 일해야 하므로, **다른 사람을 돌보는 것뿐만 아니라 자기 자신도 잘 돌봐야** 해요. 의사가 되고 싶다면 **건강한 식습관, 적절한 운동, 충분한 수면, 휴식을 위한 취미 등 자기 관리**가 중요해요.

안타깝게도 의사가 항상 모든 사람을 구할 수는 없어요. 때때로 사람들은 나이가 아주 많거나 심하게 아파서 죽어요. 이것은 모든 사람에게 힘든 일이며 특히 의사들은 더욱 죄책감을 느껴요. 그러므로 의사는 자신의 **감정을 관리하고 공유**할 수 있어야 해요. 의대생들은 훈련과 실습을 통해 이를 배우게 됩니다.

몸이 아프면 어떻게 할까?

몸이 아프면 보통 일반의, GP(General Practitioner)에게 진료를 받아요.

일반의는 일반적인 질병 진단과 치료를 하며 사람들에게 건강을 유지하고 질병을 예방하는 방법을 알려 줘요. 일반의는 여러 가지 방법으로 사람들을 진료하고 치료해요. 보통은 환자를 직접 만나거나 방문해요. 상황에 따라 전화로 상담하거나 화상통화로 진료할 수도 있어요.

알고 있었나요?

소설 『셜록 홈즈』를 창작한 아서 코난 도일은 일반의였어요. 『셜록 홈즈』 속 등장인물인 왓슨 박사도 일반의이지요.

일반의는 환자에게 약을 처방하거나 전문의에게 진료를 의뢰할 수 있어요. **1차 의료**를 제공하는 일반의는 여러 주요 의료 전문가들과 함께 일해요.

우리가 흔히 가는 동네의 개인 병원은 1차 의료 기관이에요. 매우 바쁜 곳이지만 여러 사람이 일을 나누어 처리하기 때문에 **원활하게 운영**됩니다.

접수 담당자는 환자의 예약과 진료 접수를 관리하고 병원에 방문하는 환자를 처음으로 맞이해요.

물리 치료사는 부상, 질병 또는 장애로 인해 움직임이 불편한 환자를 도와요. 다양한 운동을 가르치고 환자에게 도움이 되는 특수 기구로 치료하기도 해요.

청소 직원은 병원 안팎이 깨끗하고 안전하게 유지되도록 힘써요.

채혈사는 환자의 혈액 표본을 채취하는 일을 해요. 보통 1차 병원에서는 간호사가 채혈도 한답니다.

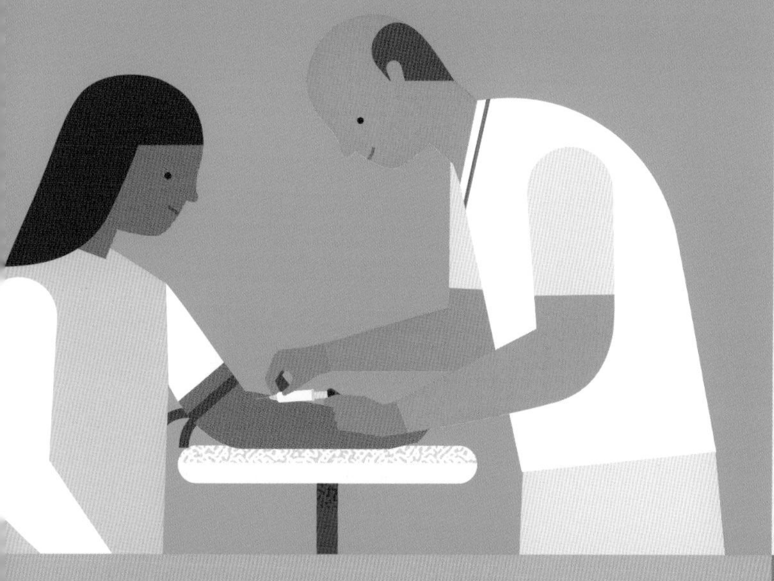

조무사는 의사가 환자로부터 채취한 모든 표본(혈액, 소변, 대변)을 수거하여 검사를 위해 병원 실험실로 가져가요.

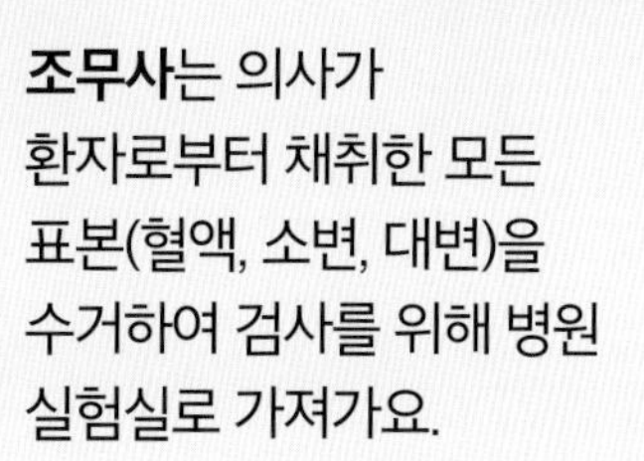

간호사는 환자에게 건강 관리법을 가르치고, 예방 접종을 하고, 각종 검사를 시행해요.

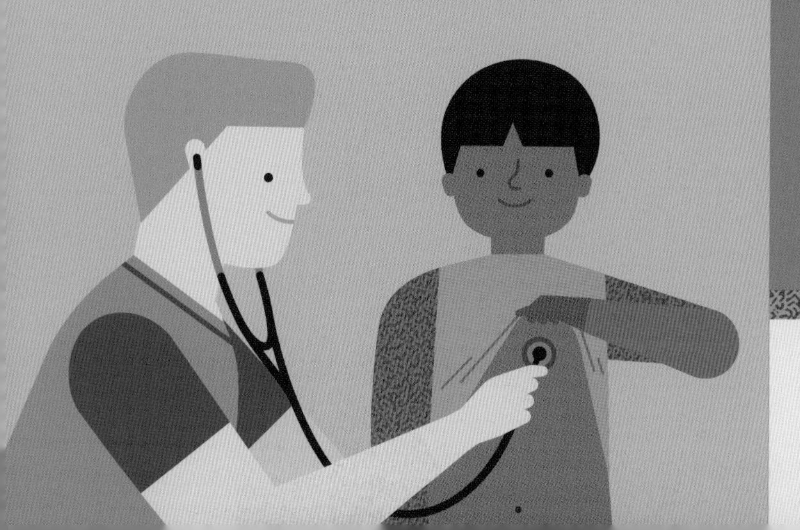

의사가 환자에게 필요한 약을 처방하면 **약사**는 약을 점검하고 적정 용량이 투여되었는지 확인한 후 환자에게 제공해요.

일반적인 증상은 일반의가 관리할 수 있지만, 몸 상태가 매우 좋지 않다면 대학 병원 또는 종합 병원과 같은 상급 병원에 가는 것이 좋아요.

응급 상황에는 어떻게 할까?

응급 상황은 즉시 의사의 도움이 필요한 상황이에요. 누군가가 심하게 다치거나 도움이 필요한 경우 119에 전화해 신고할 수 있어요. 이때 전화를 받은 종합 상황실의 소방 대원은 중요한 세부 정보를 수집하고 적절한 조치를 취해요.

응급의료센터

환자를 병원으로 옮겨야 하는 경우, 구급대원은 구급차로 아주 빠르게 환자가 있는 곳까지 이동해요. 구급대원들은 현장에서 환자를 처치할 수 있도록 훈련되어 있어서 병원으로 옮기기 전에 응급 처치할 수 있어요.

알고 있었나요?

긴급 의료 지원이 필요하지만 구급차로는 빠르게 접근할 수 없는 경우, 일부 의사와 구급대원은 구급 의료용 헬리콥터로 이동하기도 해요.

병원 응급실은 **부상이나 심각한 질병**이 있는 환자를 가장 먼저 치료하는 곳이에요. 의사는 응급실에서 일하면서 다양한 의료 문제를 해결하는 훈련을 받아요. 어떤 긴급 상황이 언제 발생할지 예측할 수 없으므로 응급실에 있는 의료진은 항상 모든 상황에 대비하고 있어야 해요.

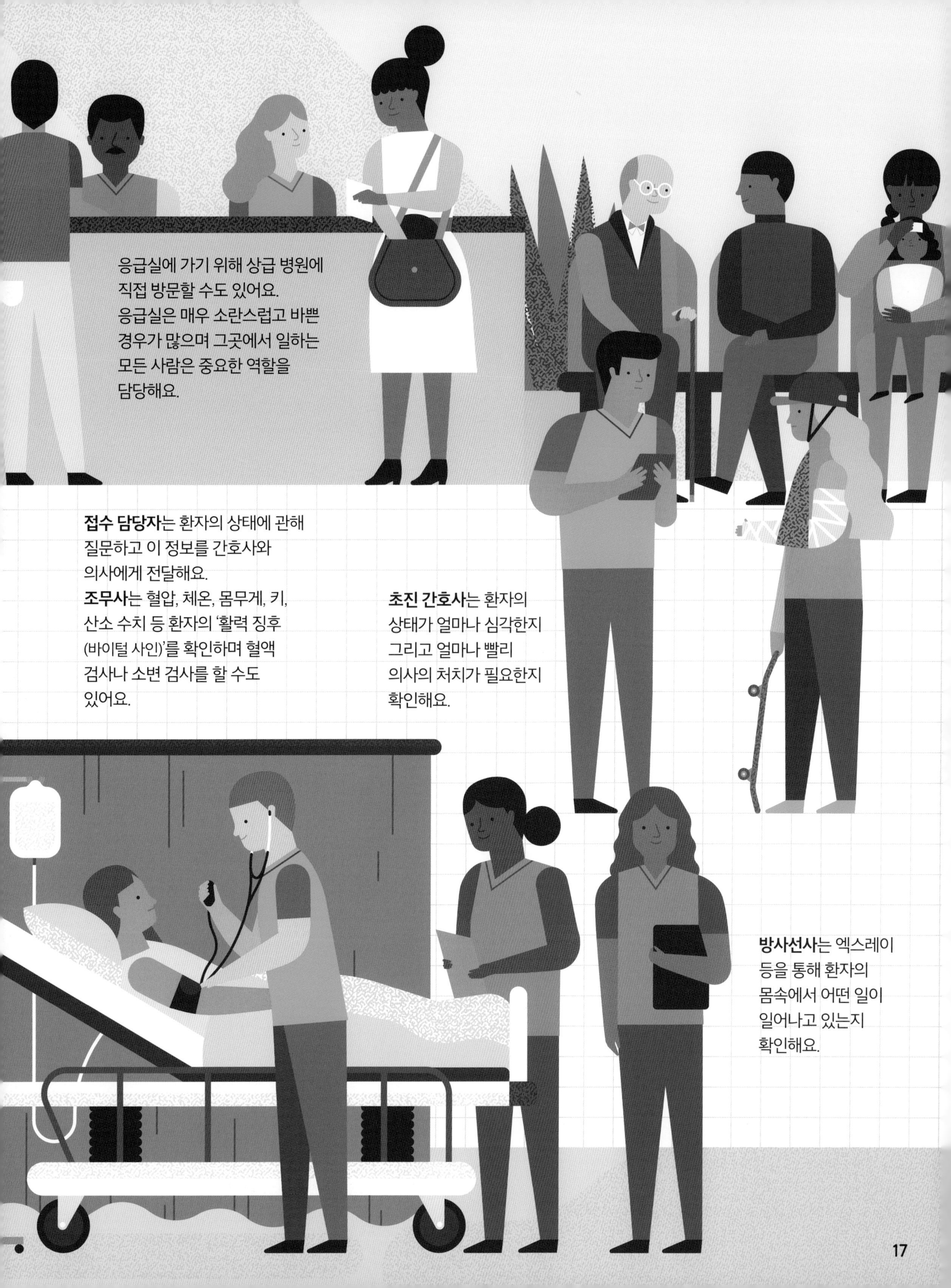

응급실에 가기 위해 상급 병원에 직접 방문할 수도 있어요. 응급실은 매우 소란스럽고 바쁜 경우가 많으며 그곳에서 일하는 모든 사람은 중요한 역할을 담당해요.

접수 담당자는 환자의 상태에 관해 질문하고 이 정보를 간호사와 의사에게 전달해요. **조무사**는 혈압, 체온, 몸무게, 키, 산소 수치 등 환자의 '활력 징후(바이털 사인)'를 확인하며 혈액 검사나 소변 검사를 할 수도 있어요.

초진 간호사는 환자의 상태가 얼마나 심각한지 그리고 얼마나 빨리 의사의 처치가 필요한지 확인해요.

방사선사는 엑스레이 등을 통해 환자의 몸속에서 어떤 일이 일어나고 있는지 확인해요.

수술은 어떻게 할까?

때로는 환자에게 수술이 필요할 때도 있어요. 응급 상황에서는 응급실을 통해 다른 과의 전문의들과 연락해 수술을 잡아요.

수술 대부분은 미리 계획해요. 예를 들어, 계속 목이 아프면 편도선을 제거해야 할 수도 있지요. 그러나 응급 상황이 발생한 경우에는 즉시 수술을 받아야 해요.

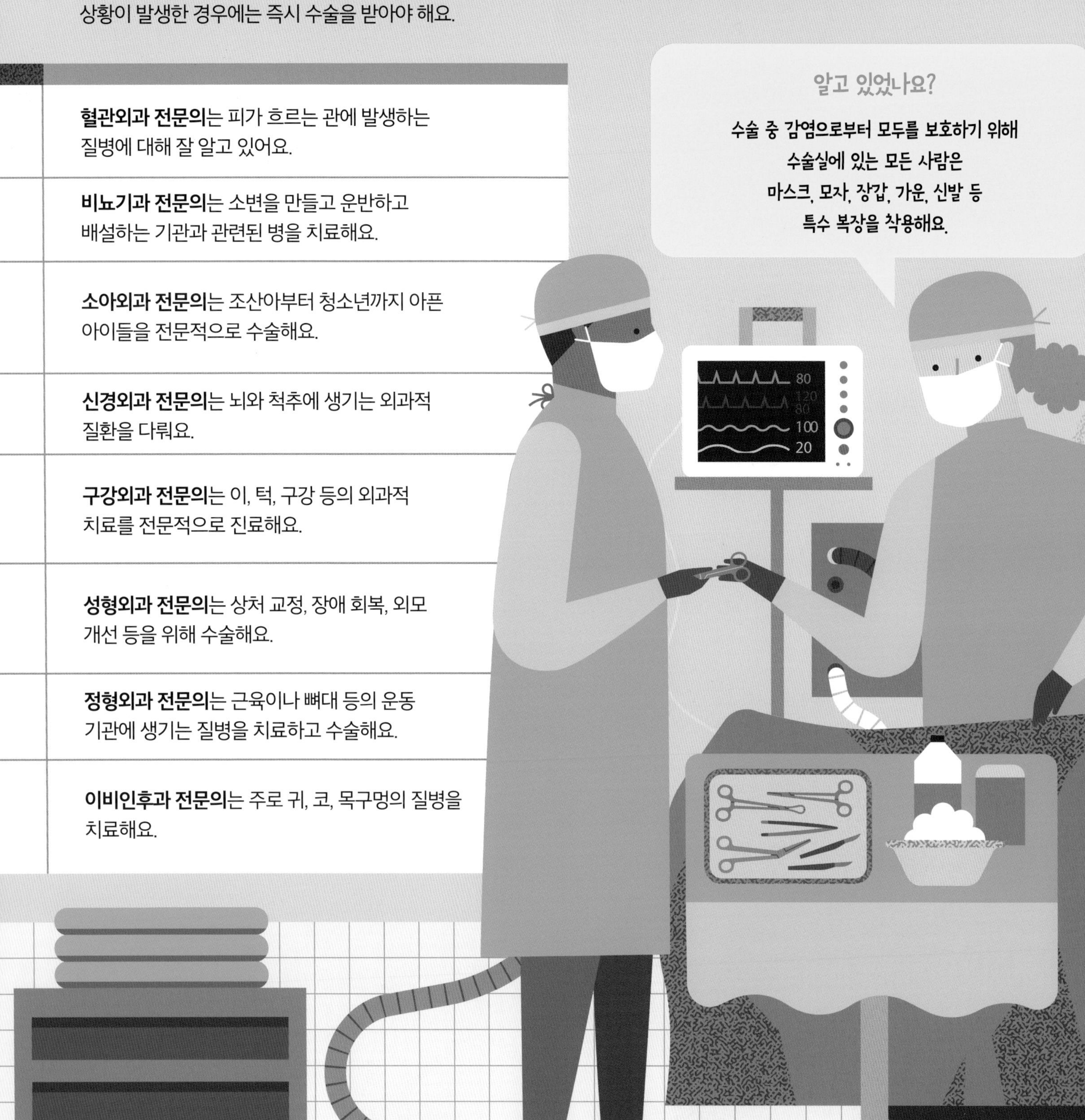

혈관외과 전문의는 피가 흐르는 관에 발생하는 질병에 대해 잘 알고 있어요.

비뇨기과 전문의는 소변을 만들고 운반하고 배설하는 기관과 관련된 병을 치료해요.

소아외과 전문의는 조산아부터 청소년까지 아픈 아이들을 전문적으로 수술해요.

신경외과 전문의는 뇌와 척추에 생기는 외과적 질환을 다뤄요.

구강외과 전문의는 이, 턱, 구강 등의 외과적 치료를 전문적으로 진료해요.

성형외과 전문의는 상처 교정, 장애 회복, 외모 개선 등을 위해 수술해요.

정형외과 전문의는 근육이나 뼈대 등의 운동 기관에 생기는 질병을 치료하고 수술해요.

이비인후과 전문의는 주로 귀, 코, 목구멍의 질병을 치료해요.

알고 있었나요?

수술 중 감염으로부터 모두를 보호하기 위해 수술실에 있는 모든 사람은 마스크, 모자, 장갑, 가운, 신발 등 특수 복장을 착용해요.

외과 의사가 되려면 체력뿐만 아니라 손과 눈의 움직임을 일치시키는 뛰어난 능력이 필요해요. 수술은 외과 의사가 담당하며 일부 수술은 많은 시간이 걸릴 수 있어요. 외과 의사는 다른 사람들과 협력할 수 있어야 하며 믿음직한 팀 리더가 되어야 해요. 또한 뛰어난 문제 해결 능력을 갖추고 있어야 하며 수술이 계획대로 진행되지 않더라도 항상 대응할 준비가 되어 있어야 합니다.

마취과 의사는 수술 시간에 따라 환자를 잠들게 해야 해요. 환자가 통증을 느끼지는 않는지 환자의 심장 박동과 호흡이 일정한지 항상 주의 깊게 살펴야 하고요. 마취과 의사는 환자가 수술하는 동안 안정을 유지할 수 있도록 특별한 약물을 사용하지요.

흉부외과 전문의는 심장과 폐에서 발생하는 질병을 수술하고 건강하지 않은 심장을 새로운 심장으로 교체할 수 있어요.

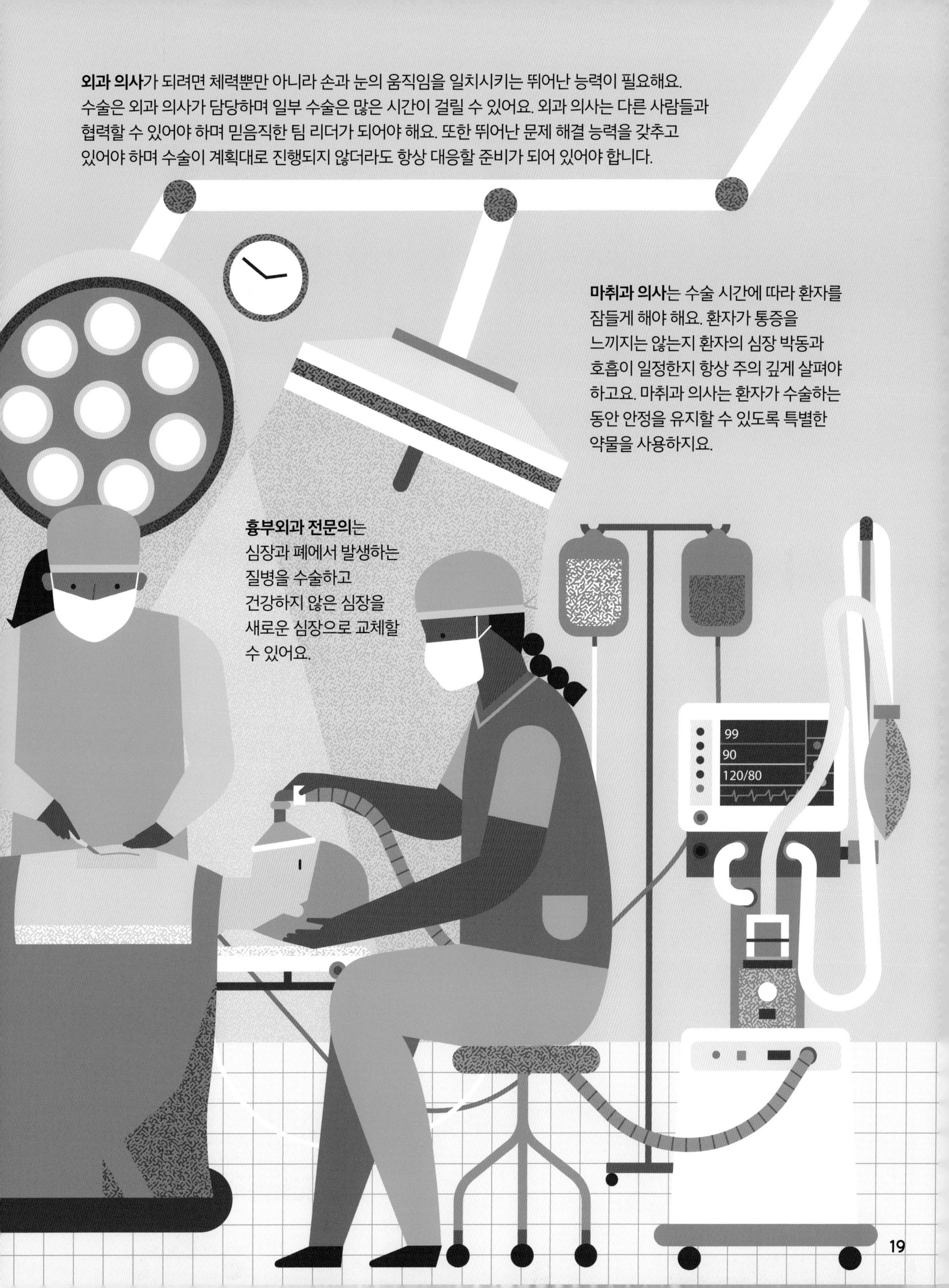

아기는 어떻게 낳을까?

**일부 사람들은 집에서 아기를 낳기도 하지만 대부분은 병원에서 아기를 낳아요.
임신하면 산전 진찰을 통해 산전 관리 등 의사의 보살핌을 받아요.**

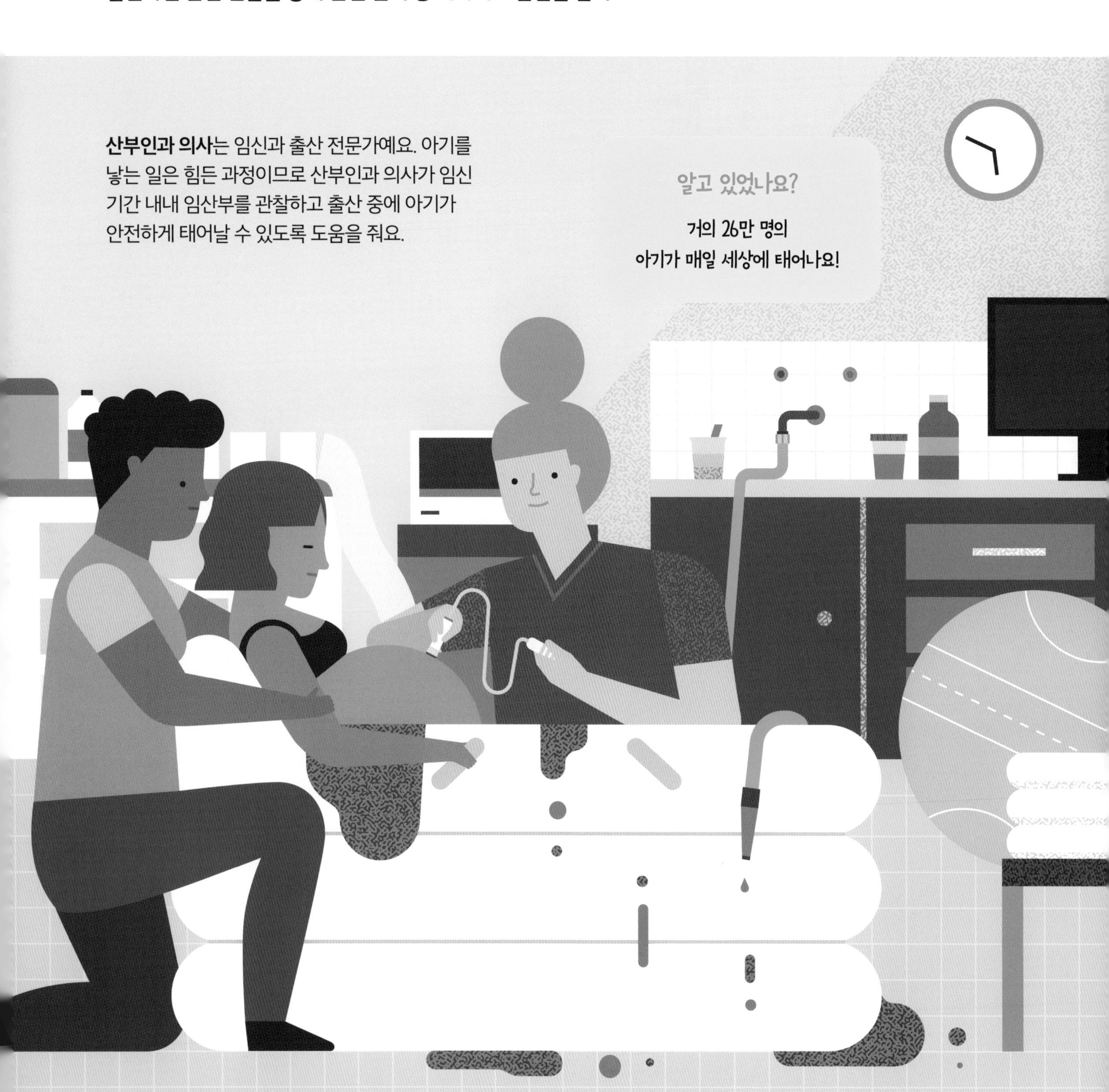

산부인과 의사는 임신과 출산 전문가예요. 아기를 낳는 일은 힘든 과정이므로 산부인과 의사가 임신 기간 내내 임산부를 관찰하고 출산 중에 아기가 안전하게 태어날 수 있도록 도움을 줘요.

알고 있었나요?

거의 26만 명의
아기가 매일 세상에 태어나요!

때때로 문제가 발생해 임산부에게 응급 치료나 도움이 필요할 수도 있어요. 이때 산부인과 의사는 임산부가 건강을 유지하고 아기가 안전하게 태어날 수 있도록 치료와 수술을 할 수 있습니다.

마취과 의사는 출산의 고통을 덜어 주기 위해 다양한 종류의 약물을 사용해요. 안전하게 아기를 낳기 위해 수술이 필요한 경우, 마취과 의사는 특별한 주사로 수술 부위를 마비시켜 통증을 느끼지 않게 해요. 출산 내내 임산부와 아기의 상태를 주의 깊게 관찰하지요.

어떤 아기는 출산 **예정일보다 일찍** 태어나기도 해요. 그러면 튼튼하고 건강해질 때까지 한동안 병원에 있을 수도 있어요.
이런 아기들은 **신생아실**에서 갓 태어난 아기를 전문적으로 치료하는 **신생아 전문의**의 보살핌을 받아요.

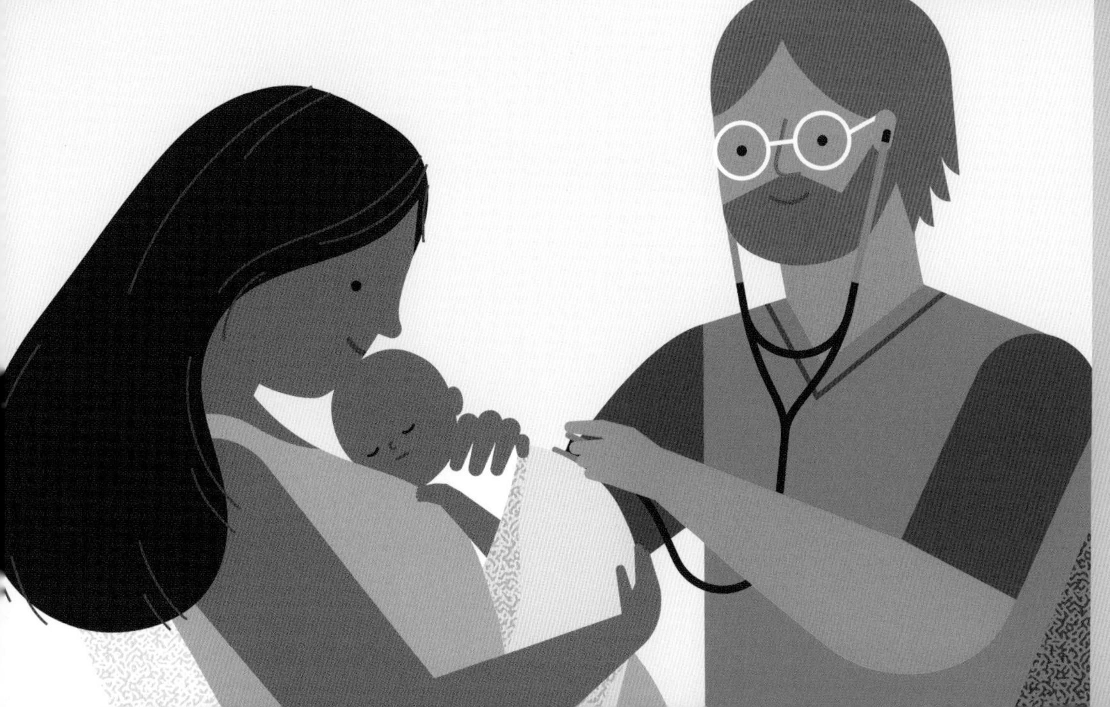

소아청소년과 의사는 아기와 어린이를 돌보는 의사예요. 아기가 태어날 때 문제가 발생하면 보통 소아청소년과 의사에게 연락해요. 아기의 건강을 진단하고 아기가 건강하게 집으로 돌아갈 수 있도록 치료해요.

노인은 누가 돌볼까?

모든 사람은 나이가 들어 늙으면서 신체에 변화가 생겨요. 그래서 특별한 보살핌과 주의가 필요해요.

노인들은 몸을 움직이거나 균형을 잡는 데 문제가 생겨 넘어질 수 있으며, 심장과 다른 장기에 문제가 생겨 많은 약이 필요할 수 있어요. 또한 기억력이 나빠질 수도 있답니다.

노인의학 전문의가 노인에게 발생하는 의학적 문제뿐만 아니라 감정도 세심히 살펴요.

노인의학 전문의들은 **존경심과 인내심**을 가지고 환자와 **대화하고 환자의 말을 잘 들어야** 해요. 또한, 필요한 모든 도움과 지원을 제공하면서 환자가 가능한 **건강할 수 있도록** 돕지요.

알고 있었나요?

과학 발전으로 사람들은 그 어느 때보다 더 오래 살고 있어요. 오늘날 살아 있는 가장 나이 많은 사람은 122세랍니다!

노인의학 전문의는 노인에게 영향을 미치는 질환을 치료하는 의사예요. 이들은 노인 환자들이 갖고 있는 다양하고 복잡한 건강상의 문제들을 편리하고 효율적으로 진료받을 수 있도록 노력해요.

작업 치료사는 몸을 움직이는 데 어려움이 있는 노인 환자들에게 옷 입기, 계단 오르기, 목욕하기, 식사하기 등을 가르치고 감각과 인지 훈련도 해요.

사회 복지사는 노인들이 적합한 생활 공간을 찾는 것부터 돈을 관리하는 방법까지 노인들에게 필요한 사항들을 살피고 지원해요.

또 노인의 집을 청소하고 음식을 준비해 배달하기도 하고 노인들을 찾아가 건강하고 안전하게 생활하고 있는지도 살펴요.

방문 간호사는 집이나 요양원에 있는 노인 환자들을 방문해 혈압을 체크하고 혈액 검사를 하며, 치료해야 하는 상처가 있는지 살피고 주사를 놓는 등 노인의 건강 상태를 확인해요.

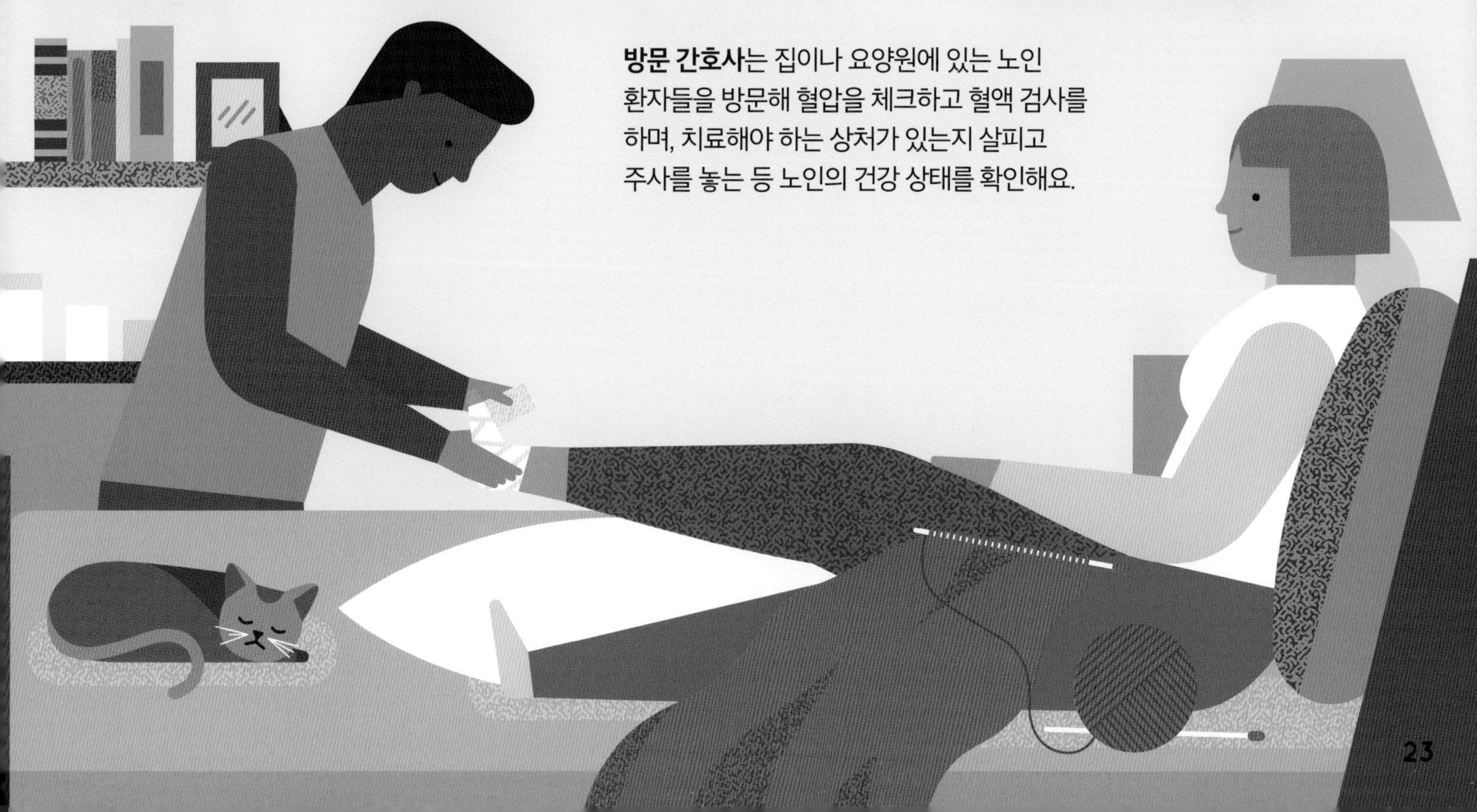

사람들의 마음에 관심이 있나요?

그렇다면 아래 직업 중 하나가 여러분과 잘 맞을지도 몰라요.

뇌는 우리 몸에서 아주 신비하고 중요한 부분이에요. 뇌는 우리가 생각하는 것뿐만 아니라 우리가 느끼는 감정도 통제해요.

때로는 좋지 않은 생각과 감정으로 걱정하거나, 스트레스를 받거나, 우울해질 수 있어요. 사람들이 더 행복하고 건강해질 수 있도록 도움을 주는 **정신 건강 전문가**들이 있어요. 이러한 전문가들은 친절하고 인내심이 있어야 하며, **환자**와 대화하고 환자의 **말을 듣는 데 능숙**해야 해요.

정신과 의사는 정신 질환을 진단하고 약을 처방하거나 상담이나 치료와 같은 기타 치료법을 처방할 수 있어요.

심리 상담사는 사람들이 자신의 감정을 편하게 이야기하도록 이끌며 상황을 더 명확하게 또는 다른 방식으로 볼 수 있도록 도와줘요.

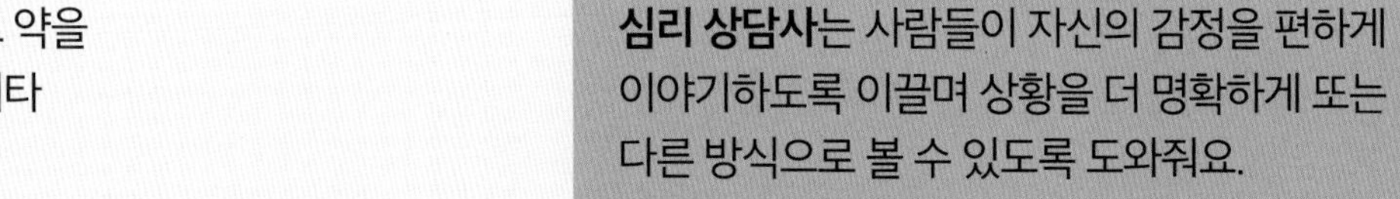

심리학자는 사람들의 생각, 감정, 행동을 관찰하고 기록함으로써 사람의 심리를 연구해요.
아동 심리학자는 아이들의 심리를 전문적으로 연구해요. 아이와 함께 장난감을 가지고 놀며 관찰하기도 해요.

신경과 전문의는 뇌, 척수 및 모든 신경과 관련된 질병을 앓고 있는 사람들을 치료하는 의사예요. 두통을 비롯해 뇌졸증, 간질, 치매 등을 다뤄요.

신경과에서는 **MRI**라는 특수 기계를 사용해 뇌의 단면을 가로, 세로 등으로 검사해요.

정신 전문(건강) 간호사는 정신 건강 문제가 있는 환자를 관리하고 지원하기 위해 일해요.

동료 지원가는 자신의 정신 건강 문제에 대한 경험을 활용해서 정신 건강 치료를 받는 사람들을 지지하고 정신 건강 문제를 회복 중인 사람을 도와요.

알고 있었나요?

건강한 식단, 적절한 운동, 충분한 수면은 정신을 건강하게 하는 데 도움이 돼요.

과학 실험을 좋아하나요?

그렇다면 이 직업 중 하나가 여러분을 위한 것일지도 몰라요.

환자를 제대로 치료하기 위해서는 의과학자들의 도움이 필요해요. 의과학자는 형사와 비슷한 면이 있어서 호기심이 많아야 하며 작은 변화에 주의를 기울이고 문제 해결 능력이 뛰어나야 해요.

바이러스나 박테리아와 같은 세균이 사람의 몸속으로 들어가서 병을 일으키는 경우를 감염이라고 해요. 환자에게 알맞은 약을 처방하기 위해서 어떤 세균이 감염을 일으켰는지 알아야 하지요. **미생물학자**는 질병을 일으키는 미생물을 찾는 전문가예요. 현미경을 사용하여 환자의 소변, 침, 혈액, 대변을 검사하며 때로는 척수액까지 검사한답니다.

질병에는 감염 말고 다른 원인이 있을 수 있어요. 의사가 환자의 혈액에 관련해 문제가 있다고 생각되면 어떤 문제가 있는지 확인할 수 있도록 표본을 실험실로 보내 **혈액학자**가 검사해요.

의사는 환자의 혈액 표본이나 환자로부터 채취한 다른 표본들을 임상 생화학자에게 보낼 수도 있어요. **임상 생화학자**는 환자의 몸속에 있는 세포와 조직을 생화학적으로 검사하여 질병을 진단하고 관리하는 데 도움을 줘요.

병리학자는 질병 전문가예요. 현미경과 다른 기구들을 사용하여 환자가 어떠한 질병 상태인지 파악해요. 일부 병리학자들은 사망한 사람들의 신체를 검사하여 질병을 일으킨 원인을 찾아내요. 질병과 질병을 막는 방법에 대해 알기 위해서지요.

의사는 환자에게 적절한 약을 제공하기 위해 **약사**가 필요해요. 일부 약사는 개인 약국 또는 병원에서 일해요. 또 다른 이들은 의약품을 만들고 새로운 의약품을 개발하는 회사에서 일해요.

의학이나 질병에 관해서는 아직 우리가 모르는 것이 많아요. **의과학자**는 과학 실험실에서부터 대학까지 다양한 곳에서 일해요. 질병을 막을 수 있는 새로운 방법을 찾고 연구하지요.

알고 있었나요?

인간의 뇌에 있는 세포들 사이의 연결은 은하수의 별들보다 더 많아요.

생명을 구하는 다른 직업은 무엇이 있을까?

스포츠와 과학을 좋아한다면 **스포츠 의사**가 될 수도 있어요. 축구 선수, 체조 선수, 럭비 선수 등 프로 운동 선수가 다치면 진료와 치료를 하고 훈련 중에도 선수의 건강을 살펴요.

새로운 곳을 탐험하는 것을 좋아한다면 **원정대 의사**가 될 수 있어요. 이런 의사들은 에베레스트산, 남극, 사하라 사막과 같은 세계 극지를 다니는 탐험대와 함께해요.

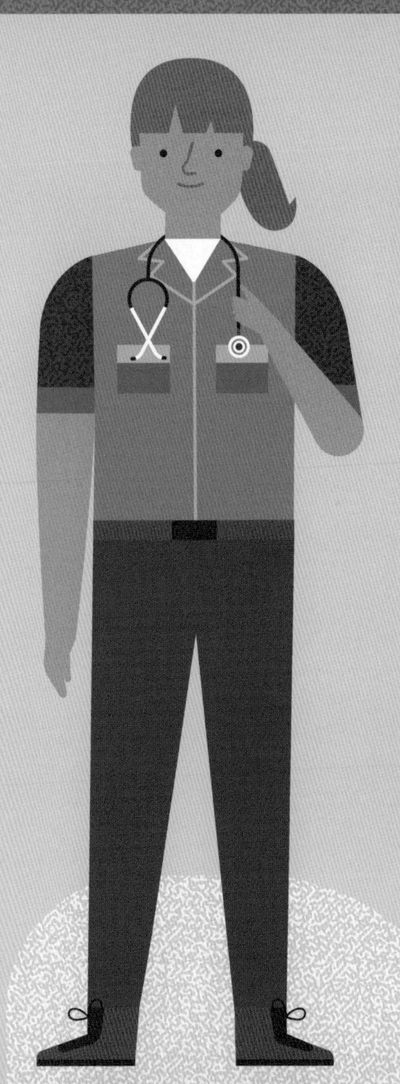

군대에는 비상시를 대비해 **군의관**이 필요해요. 부대에 함께 있거나 군과 함께 이동할 수도 있어요. 군의관은 모든 종류의 의학적 문제를 살피고 비상시에 신속하게 행동해야 해요.

법의학자는 범죄 현장을 조사하고 죽은 사람들에게 무슨 일이 일어났는지 알아내요. 법의학자들의 전문 지식은 경찰, 형사, 변호사가 범죄를 해결하는 데 큰 도움을 줘요.

미디어 의사는 뉴스나 텔레비전 프로그램에 출연해 건강 문제에 관해 알려요. 라디오와 텔레비전에서 건강에 대한 상담을 하고 팟캐스트와 유튜브 영상을 찍으며 관련 책을 쓰기도 해요.

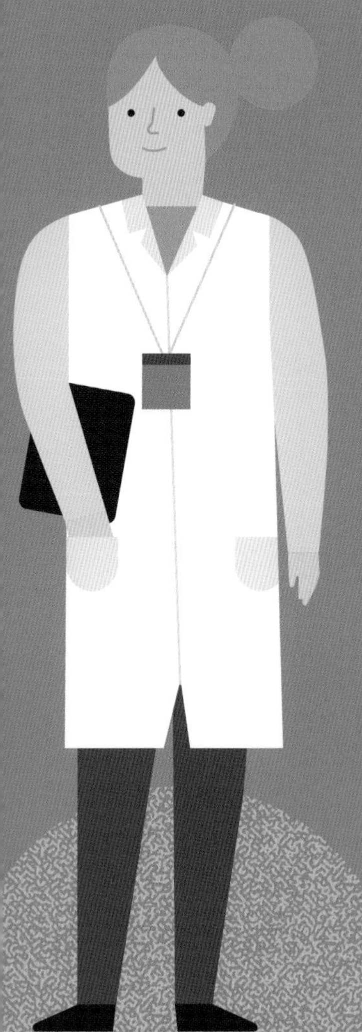

우주 의사는 우주 비행사가 우주를 여행하는 동안 건강을 유지할 수 있도록 도와요.

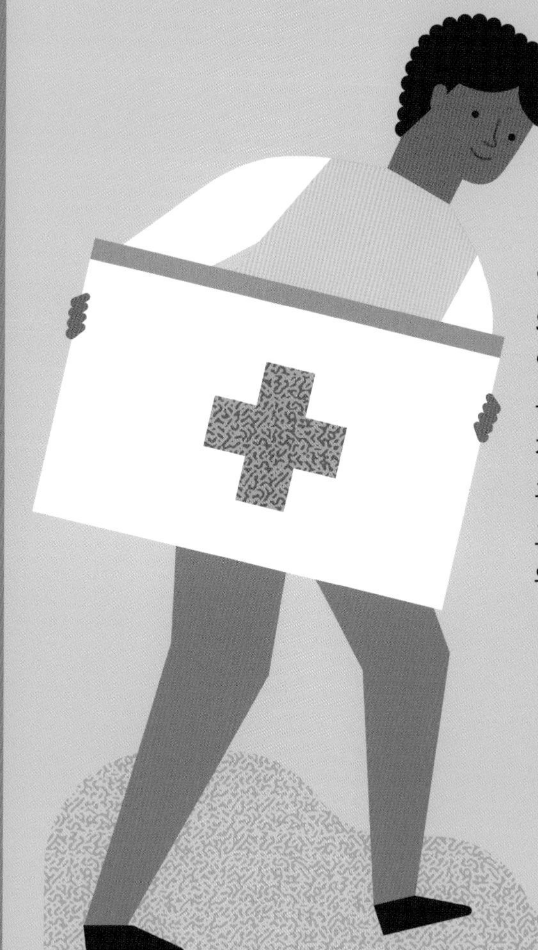

일부 의사는 **국경 없는 의사회**와 같은 단체에서 일하며 어려움에 처한 국가를 방문해요. 이들은 전쟁이나 산불, 허리케인, 홍수와 같은 자연재해로 고통받는 사람들을 구하기 위해 봉사해요.

세계적 감염병이 발생하면 어떻게 될까?

감염병이 빠르고 넓게 전파되어 지역적 감염병(유행병)이나 세계적 감염병(팬데믹)이 되면 질병을 일으킨 바이러스가 무엇인지, 누가 위험에 처해 있는지, 어떻게 확산을 막을 수 있는지, 그리고 감염병이 재발하지 않도록 하는 방법은 무엇인지 찾아낼 전문가가 필요해요.

공중 보건 전문가는 지역 사회, 학교, 회사 등 집단의 건강을 돌봐요. 지역 사회의 건강을 개선하고 질병을 예방할 수 있도록 교육하고 치료해요.

알고 있었나요?

지역적 감염병(유행병)은
질병이 한 지역에만 퍼지는 것을 말하고
세계적 감염병(팬데믹)은
여러 국가에 퍼지는 것을 말해요
코로나19라는 감염병이
2020년에 전 세계적인
감염병이 되었죠.

역학 조사관은 집단 내에서 빠르게 퍼지는 질병을 조사해요. 많은 정보를 수집하고 연구함으로써 질병이 어떻게 시작되고 어떻게 전염되는지 알아 내요. 그런 다음 의사, 과학자, 정부에 질병의 확산을 막을 방법에 대해 전달해요.

자원봉사자는 병원과 요양원에서 환자를 위해 봉사하거나 자선 단체에서 일하며 과학자들의 신약을 테스트하기도 하고 질병에 걸릴 위험이 가장 큰 사람을 보살피기도 해요.

바이러스학자는 바이러스로 인한 감염을 연구하는 전문가예요. 지역적 감염병(유행병)이나 세계적 감염병(팬데믹)이 유행하면 바이러스학자는 다른 전문가들과 긴밀히 협력하여 바이러스가 어떻게 퍼지는지 알아 냅니다.

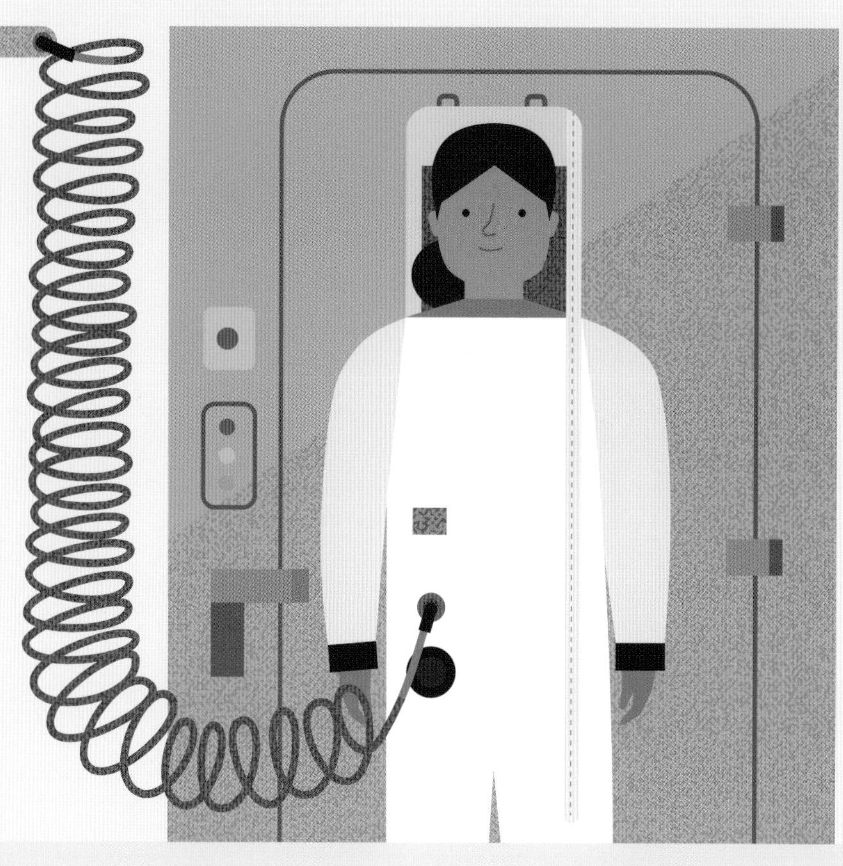

면역학자들은 새로운 바이러스가 몸에 들어가면 몸에서 어떻게 반응하는지 연구해 새로운 치료법이나 백신을 개발해요.

최고 의료 책임자는 국가에 발생한 어떤 상황 속에서 중대한 결정을 내리는 가장 높은 의사예요. 국민들에게 영향을 미치는 건강 문제에 대해 정부에 조언하고 협력해요.

전 세계 많은 전문가가 **세계 보건 기구(WHO)**에서 일하고 있어요. 많은 사람들이 함께 질병 확산을 막고 세상을 안전하고 건강하게 유지하도록 노력해요.

의학과 의료가 그 어느 때보다 중요해졌어요. 의사, 의과학자 및 기타 의료 전문가들은 세계적 감염병(팬데믹)을 막고 매일 수십억 명의 생명을 구하기 위해 열심히 일하고 있어요. 어쩌면 **여러분**도 언젠가 누군가의 생명을 구하는 사람이 될 수 있답니다!

푸남 크리샨 박사(Punam krishan) 글
항상 사람들의 이야기가 흥미롭고, 다른 사람들을 돕는 것에서 많은 기쁨을 발견하는 가정 의학과 의사예요. 아주 작은 아기들부터 할머니 할아버지들까지, 환자들이 가능한 건강하도록 돌보고 있어요. 과학뿐만 아니라, 드라마와 영화도 좋아해서 의사가 된 후 몇 년 동안 미디어 의사로 일하며 라디오 쇼를 하고, 팟캐스트를 하고, 심지어는 책을 쓰면서 의학을 훨씬 더 신나게 만들기 위해 노력했어요. 일을 하지 않을 때는 남편과 두 아이들, 그리고 심바라고 불리는 반려견과 함께 시간을 보내요. 춤추는 것을 좋아해서 어디에 있든 상관없이 음악이 나온다면, 아무도 보지 않는 것처럼 춤을 출 거예요.
https://nosycrow.com/contributor/dr-punam-krishan/

솔 리네로(Sol linero) 그림
부에노스아이레스 출신의 일러스트레이터이자 그래픽 디자이너예요. 책, 퍼즐, 보드북, 메모리 게임과 같은 어린이용 제품에 아름다운 그림을 그렸어요. 에어비엔비, 포터리반 키즈, 유니세프 및 오프라, 제이미 올리버, 와이어드, 워싱턴 포스트와 함께 일했어요.
https://nosycrow.com/contributor/sol-linero/

박정화 옮김
단국대학교 대학원에서 영문학을 전공하고 동대학원에서 영문학 박사 학위를 받았어요. 현재 단국대학교에서 강의를 하면서 어린이책 번역가로 활동하고 있어요. 옮긴 책으로 「시니 소마라 박사가 들려주는 직업 이야기 시리즈」『돌아온, 할머니는 도둑』『물은 소중해요』『플라스틱은 왜 지구를 해칠까요?』『폭풍우 치는 날: 만화로 배우는 기후 이야기』 등이 있어요.

여러분도 할 수 있어요!

의사가 되거나 생명을 구하는 방법에 대해 더 자세히 알고 싶다면
여러분이 알고 있거나 방문할 수 있는 의사, 간호사 또는 의료 전문가와 대화를 나누고
자세히 물어보세요. 나중에 그들을 도와 경험을 쌓을 기회가 생길 수도 있어요.
또한, 지역 봉사 센터에 연락하여 자원봉사에 대해 문의하고, 과학 클럽에 가입하여
의학과 인체에 대해 더 자세히 배우고, 심폐 소생술 과정을 수료할 수 있어요.
우선 여러분에게 정말 필요한 것은 사람들을 돕고 생명을 구하려는 열정이에요!
아래 사이트에서 정보를 얻을 수 있어요.

미국의과대학협회 AAMC(Association of American Medical Colleges) www.AAMC.org
세인트 존 앰뷸런스의 청소년 프로그램 https://youthjoining.sja.org.uk/
스카우트 www.scouts.org.uk/cubs/
수술, 아야! www.bbc.co.uk/cbbc/shows/operation-ouch
멋진 과학 이야기 www.bbc.co.uk/teach/terrific-scientific
와우 사이언스 https://wowscience.co.uk
의대생 네트워크 https://studentdoctor.net

대한의사협회 www.kma.org
한국보건의료인국가시험원 www.kuksiwon.or.kr
한국의학교육평가원 https://kimee.or.kr